Eine lustige Geschichte von Burny Bos
illustriert von Hans de Beer

Nord-Süd Verlag

Wer legt das schönste Ei?

Flo hat im Spiegel verdutzt bemerkt, dass sie grün ist. Grün wie Gras. Grasgrün!
Ei, ei, das ist aber klasse!, stellt sie zufrieden fest.

»Ich bin ein klasse Huhn«, gackert sie den lieben langen Tag im Hof herum.
»Warum bist du klasse?«, fragt Huhn Punk.
»Weil ich grün bin, du dummes Huhn«, antwortet Flo und stolziert davon.

Flo spricht nicht mehr mit den anderen Hühnern.
Sie schaut sie nicht einmal an. Mit hoch erhobenem
Kopf tippelt sie an allen vorbei.

Die Hühner wundern sich über Flo.
»Ob sie nun grün ist oder weiß oder braun,
sie ist doch ein Huhn wie wir«, sagt Huhn Punk.
»Reden wir doch mit Flo«, sagt Huhn Pop.

Aber, o weh! Flo lässt nicht mit sich reden.
Sie hört gar nicht zu. Mit ihrem langen Schnabel
hackt sie nach den Hühnern und jagt sie fort.

Kein Huhn will jetzt im Stall mehr neben ihr sitzen.
Und genau das gefällt Flo.

Dem Hahn Kik gefällt Flo. So ein schönes grünes Huhn hat er noch nie gesehen.
Ob Flo wohl grüne Eier legt?, fragt er sich.

»Kikeriki!« Hahn Kik ruft alle Hühner zusammen
und fragt: »Wer legt das schönste Ei?«
Ha, ich natürlich! Mein grünes Ei wird das schönste
sein!, denkt Flo und lächelt.

Im Hühnerstall ist es mucksmäuschenstill.
Jedes Huhn will das schönste Ei legen.

Gagagack, Huhn Nel hat das erste Ei gelegt.
Gagagack, gagagack, ein Huhn nach dem andern
legt ein Ei.

Hahn Kik rollt die Eier in die Mitte und sucht nach dem schönsten. Aber alle sehen gleich aus.
»Hmm, alle sind gleich schön«, sagt er.

»Nein«, protestiert Flo, »mein grünes Ei ist das schönste!«
»Wo ist denn dein grünes Ei?«, fragt Kik verdutzt.

Flo dreht sich um und sieht erschrocken, dass da nur weiße Eier liegen. Und die sind alle gleich groß, gleich rund, gleich schön, gleich weiß.

Jedes Huhn holt sich sein Ei zum Brüten zurück.
Auch Flo. Sie hofft, dass aus ihrem Ei ein grünes
Küken schlüpfen wird.
Das wäre dann klasse.

Als ihr Küken aus dem Ei schlüpft, staunt Flo.
Es ist nicht grün!
Es ist so gelb wie die anderen.

Flo schweigt lange. Dann sagt sie leise: »Ei-ei-eigentlich sind wir alle gleich!«
Und seither ist es wieder lustig im Hühnerstall.

Von Hans de Beer sind folgende Bilderbücher
Im Nord-Süd Verlag erschienen:

Kleiner Eisbär, hilf mir fliegen!
Kleiner Eisbär, lass mich nicht allein!
Kleiner Eisbär kennst du den Weg?
Der kleine Eisbär und der Angsthase
Kleiner Eisbär, nimm mich mit!
Kleiner Eisbär, komm bald wieder!
Kleiner Eisbär, wohin fährst du?
Ich bin MäuseKatzenBärenStark
Text von Burny Bos
Kleiner Dodo, was spielst du?
Text von Serena Romanelli
Kleienr Dodo, lass den Drachen fliegen!
Text von Serena Romanelli
Kleiner Braunbär, wovon träumst du?
Valentino Frosch, und das himbeerrote Cabrio
Text von Burny Bos
Olli, der kleine Elefant
Text von Burny Bos

Lektorat Brigitte Hanhart Sidjanski

© 2002 Nord-Süd Verlag AG, Gossau Zürich und Hamburg
Alle Rechte, auch die der Bearbeitung oder auszugsweisen Vervielfältigung, gleich durch welche Medien, vorbehalten
Lithographie: Photolitho AG Gossau · DTP/Satz: Pro Desk AG, Uster
Gesetzt in Antique Olive, 16 Punkt · Druck: Proost N.V., Turnhout
ISBN 3 314 01223 3
Die Deutsche Bibliothek – CIP-Einheitsaufnahme
Wer legt das schönste Ei? / Burny Bos ; Hans de Beer. - Gossau, Zürich;
Hamburg : Nord-Süd-Verl., 2002
(Ein Nord-Süd-Bilderbuch)
ISBN 3-314-01223-3

Besuchen Sie uns im Internet: www.nord-sued.com